TREASPÁSÓIR ¦ TRESPASSER

do Bhríd agus do Bhrian, an bheirt is ansa liom ar domhan

for Bridget and Brian, the two people who matter most to me

Mícheál Ó Ruairc

Treaspásóir | Trespasser

ARLEN HOUSE

Treaspásóir ¦ Trespasser

Foilsithe in 2019 ag
ARLEN HOUSE
42 Grange Abbey Road
Baldoyle
Dublin 13
Éire
Fón: 00 353 86 8360236
Ríomhphost: arlenhouse@gmail.com

978–1–85132–220–6, bog
978–1–85132–230–5, crua

Dáileoirí idirnáisiúnta
SYRACUSE UNIVERSITY PRESS
621 Skytop Road, Suite 110
Syracuse
NY 13244–5290
Fón: 315–443–5534/Facs: 315–443–5545
Ríomhphost: supress@syr.edu

Clóchur ¦ Arlen House

Saothar ealaíne an chlúdaigh:
Pauline Bewick
'The Path to the Fishing Hut'
www.paulinebewick.ie

Tá Arlen House buíoch de
Chlár na Leabhar Gaeilge
agus d'Fhoras na Gaeilge

Foras na Gaeilge

Clár ¦ Contents

ADMHÁLACHA ¦ ACKNOWLEDGEMENTS

Foilsíodh roinnt dá bhfuil anseo (nó leaganacha díobh) sna hirisí *Comhar; Feasta; North West Words; Reading the Future: New Writing from Ireland* (Arlen House/Hodges Figgis, 2018); *Strokestown Anthology* 2017, 2018, 2019. Bhuaigh an dán 'Airneogach : *Sloe Motion*' Duais de hÍde i gComórtas Bhéal na mBuillí sa bhliain 2018. Bhí dánta eile ar ghearrliostaí de chuid Féile Filíochta North West Words, Comórtas Filíochta Bhéal na mBuillí agus Duais Foras na Gaeilge i Seachtain na Scríbhneoirí i Lios Tuathail.

Táim thar a bheith buíoch de gach éinne a chuidigh liom an saothar seo a chur i dtoll a chéile agus a fhoilsiú agus, ar ndóigh, as a gcomhairle agus a gcaradas. Táim fíorbhuíoch de gach éinne a chuir cuid de na dánta sa chnuasach i gcló in irisí agus i ndíolamaí. An-bhuíoch díobh siúd chomh maith a bhronn duaiseanna ar mo shaothar agus a spreag mé ar bhealach amháin nó ar bhealach eile. Gabhaim buíochas ó mo chroí le Alan Hayes atá sásta mo shaothar a chur i gcló dom. Fear uasal.

We shall not cease from exploration
And the end of all our exploring
Will be to arrive where we started
And know the place for the first time.

– T.S. Eliot 'Little Gidding', *Four Quartets*

INTRODUCTION

A poem is a miracle. A rainbow. It comes and goes in an instant. Elusive. Jack O' the Lantern. A poem is formed out of the embers of the imagination. The person who manages to fan these embers into a fire is very lucky indeed. And to fan the embers of the language in a similar fashion.

I am somebody who believes totally in the statements made by William Wordsworth and Samuel Johnson as to what constitutes a poem: 'emotion recollected in tranquility'; 'the spontaneous overflow of powerful feelings' and 'heterogenous ideas yoked by violence together'. I believe in pure emotion. You cannot beat pure emotion. The poem is an emotional thing for me. An outpouring. I have to let it out of my neurological system or I would go completely mad if I didn't. Poetry is not poetry without empathy. It must always come from the heart. If it doesn't, it's not worth a straw in my eyes.

This collection is another chapter in my life. Another segment from that story. Another step on the journey. Poetry is of great help to me in troubled times. I had to delve deep into the river of emotion to bring what's contained in this collection to the bank of completion. My prayer is that I have managed to lay my finger on the pulse of life – life as I understand it – in the process. If I have succeeded it will give me the courage to present you with another chapter from that life, pathetic as it may be, at some stage in the future.

RÉAMHRÁ

Míorúilt is ea dán. Bogha báistí. Tagann agus imíonn i bprapadh na súl. Éalaitheach. *Jack O' the Lantern.* Fuintear agus fáisctear dán as gríosach na samhlaíochta. Bíonn an t-ádh dearg ar an té a n-éiríonn leis an ghríosach seo a shéideadh ina tine. Agus gríosach na teanga a shéideadh ar an dóigh chéanna.

Is duine mé a chreideann go huile is go hiomlán i ráitis William Wordsworth agus Samuel Johnson i dtaobh céard is filíocht ann: *emotion recollected in tranquility; the spontaneous overflow of powerful feelings* agus *heterogenous ideas yoked by violence together*. Creidim sa bhfíormhothú. Ní féidir an fíormhothú a shárú. Is rud mothúchánach an dán domsa. Tocht. Bíonn orm é a scaoileadh chun siúil as mo chóras néareolaíocha nó raghainn glan as mo mheabhair muna ndéanfainn. Ní filíocht go comhbhá. Caithfidh sí teacht ón gcroí i gcónaí. Muna dtagann ní fiú tráithnín í, im' shúile.

Caibidil eile de mo shaol an cnuasach seo. Mír eile as scéal mo bheatha. Coiscéim eile ar an turas. Cabhraíonn an fhilíocht go mór liomsa in am an anaithe. Bhí orm tumadh go domhain in abhainn na mothúchán chun a bhfuil sa chnuasach seo a thabhairt ar phort na críochnúlachta. Is é mo ghuí gur éirigh liom mo mhéar a leagan ar chuisle na beatha, an bheatha mar a thuigimse í. Más amhlaidh gur éirigh, tabharfaidh sé an misneach dom dul sa tseans agus caibidil eile fós den bheatha sin, más truamhéalach féin í, a chur os bhur gcomhair am éigin sa todhchaí.

TRESPASSER

TREASPÁSÓIR

TRIMMING

My mother stands in the narrow doorway,
her frail figure no more than a shadow,
watching me trimming the hedges
with a clippers I'd brought all the way
from Dublin at her insistence.
I'd told her that hedges in the country,
unlike those in the city, become incongruous
from their surroundings with too much trimming,
but she insisted on a short back and sides
and so I cut them close, the discarded
leaves falling like childhood memories
along the garden path.
Later I got a barrow and cleared them up.
Mother looked pleased.
I couldn't help but notice
how age had trimmed her to the bone
as she wandered among the naked
hedgerows, subdued and alone.

BEARRADH

Seasann mo mháthair sa doras cúng,
níl ina cruth ach scáth faoin tráth seo,
ag féachaint ormsa ag bearradh na bhfálta
le deimheas a thugas liom an bealach go léir
ó Bhaile Átha Cliath de bharr a tathana.
D'inis mé di nár oir an bearradh ró-ghéar
d'fhálta na tuaithe i gcomparáid leis na cinn
sa chathair agus go mbeidís as alt dá réir
ach ní shásódh aon ní faoin spéir í ach iad
a bhearradh go mion agus dheineas rud uirthi,
na scotháin ag titim ar nós cuimhní
na hóige ar chosán an ghairdín.
Ar ball thugas chun siúil iad i mbarra rotha.
Bhí cuma na sástachta ar mo mháthair.
Ní fhéadfainn ach a thabhairt faoi deara
mar ar bhearr na blianta go dtí an chnámh í
agus í ag fánaíocht i measc na bhfál sceach
go maolchluasach, aonarach, uaigneach.

Halfway

... and
all of a sudden
a cloud of melancholy
descends on you
out of nowhere
in the shopping centre
like an alarm
pounding in your head
announcing
a lone
intruder
in the middle of the night
halfway
between the fake fountain
into which lovers
throw good luck
coins
of unrequited
love
and O'Brien's Sandwich Bar
in which there is relief
(you think)
from your troubles
in store
for you in a *cappuccino*
sitting by yourself
on a high stool
at a window
that is not a window
listening to music
that you cannot hear
looking at people
that you cannot see
drinking coffee
that you cannot taste

Leath Bealaigh

... agus
gan choinne
buaileann taom
obann
doilíosa tú
san ionad siopadóireachta
mar chóras aláraim
ag tuargaint id chloigeann
ag fógairt foghlaí
fánaigh
i lár na hoíche
leath bealaigh
idir an bréagfhuarán
ina gcaitheann leannáin
splanctha
boinn shochair
áidh agus ghrá
éagmaise
agus
O'Brien's Sandwich Bar
ina bhfuil faoiseamh
(dar leat)
ó d'anró
i ndán
duit i g*cappuccino*
suite i d'aonar
ar stól ard
ag fuinneog
nach fuinneog í
ag éisteacht le ceol
nach gcloiseann tú
ag féachaint ar dhaoine
nach bhfeiceann tú
ag ól caife
nach mblaiseann tú

absorbed
by memories
that you no longer
want to keep
in your mind
and …

gafa ag cuimhní
nach mian leat
a choinneáil
id' intinn
níos mó
agus ...

Static

love never dies
lives on forever
in the memory

true love creates static
inhabits the space between
brain and breastbone

unrequited love startles neurological systems
throbs and courses
through weary veins

love moves in mysterious ways
outside the normal parameters
of the human race

love never dies
survives somewhere out there in the ether
into infinity

Statach

ní éagann grá choíche
fanann beo beathach
sa chuimhne

gineann fíorghrá statach
líonann an spás idir inchinn
agus cliabhrach

geiteann grá éagmaise córais néareolaíocha
preabann agus cúrsálann
trí chuislí cortha

cleachtann grá modhanna mistéireacha
feidhmíonn lasmuigh de raon tuisceana
an chine dhaonna

ní éagann grá choíche
maireann ar foluain áit éigin san éitear
go brách na breithe

NIGHTSHADE

3.00am Thursday 16 January 1997

I let it all out finally in the dead
of night, all by myself
in the old, ramshackle, rundown
house in which I was born and reared,

the storm raging outside
like an uncontrollable demon
seeking lodgings for the night as I,
raging drunk, stumbled from room

to room in danger of splitting
my head because of the flood
of memories that threatened to choke
me, roaring at the top of my voice,

mourning you, O my father, as you
ploughed the waves crossing
the Styx, all alone in your unstable,
fragile coracle heading into the unknown.

I screamed and roared and shouted
until I took leave of my senses,
my voice rising and falling in time
with the storm raging outside

until I exhausted my well of sorrow
and grief, falling out of my stand
into a fitful and drunken
stupor on the damp, unmade

bed, the house all around me
swaying and dancing like a vessel
that was out of control
without shipmate, sailor

Lus na hOíche

3.00rn Déardaoin 16 Eanáir 1997

Phléascas faoi dheireadh ag uair
mharbh na hoíche is mé im' aonar
sa tseanbhathlach de thigh tréigthe
inar rugadh agus tógadh mé,

an stoirm ag réabadh lasmuigh
mar ainspiorad ainshrianta
ag lorg bheith istigh is mise
ar deargmheisce ag tuisliú ó sheomra

go seomra i mbaol mo threascartha
ag rabharta mór cuimhní
a bhí nach mór dom thachtadh,
ag screadadh in ard mo chinn

is mo ghutha dod' chaoineadh, a athair,
is tú ag treabhadh na dtonn
ag gabháil trasna na Stiocs id'aonar
id shoitheach éadlúth, liongánach.

Screadas is bhéiceas is liúireas go dtí
gur thréigeas mo chiall is mo chéadfaí,
mo ghuth ag ardú 's ag ísliú
ar chomhbhuille leis an stoirm a bhí

ag réabadh lasmuigh, go bhfuaireas
réidh lem racht caointeoireachta
agus dobhróin is gur thiteas im' chnap
faoi dheireadh i mo chorrachshuan

ar leaba thais neamhchóirithe, an tigh
mórthimpeall orm ag luascadh
is ag damhsa amhail árthach
a bheadh imithe chun seachráin

or captain in charge, and nobody
alive or dead to steer it
to a safe haven,
to rescue it from certain calamity.

gan mháta gan mhairnéalach gan chaptaen
is gan éinne beo nó marbh
chun é a threorú chun cuain,
chun é a fhuascailt ón anachain.

Love

There was little affection shown
to me by you as I grew up, father.
No such thing as hugs, kisses
or any sort of physical contact.

It was enough for you to put
your life in danger on my behalf
on dark autumn nights
in your small, frail craft

going out from the shelter of the coast
into the depth of the sea to where
there were shoals of fish, with nothing
between you and the abyss

except a strip of canvass and a sort
of courage that could only be found
in stories from the Fianna cycle.
From dark to dark and from

Monday to Saturday you showed
your affection for me struggling
between field and shore
to make a living out of a stony

hill farm and the generosity
of the sea, putting yourself
in the gap of danger so that
we would have enough to eat

and I would get the chance
to make some headway in life.
That was how you showed
your affection for me, father.

Grá

Ba bheag an cion a léirigh tú dom
is mé ag fás aníos, a athair liom.
Níorbh ann do bharróga, do phóga
ná do theangmháil chorpartha.

Ba leor duit do bheatha
a chur i mbaol ar mo shon
ar oícheanta dorcha an fhómhair
i do shoitheach beag, contúirteach,

imithe amach ó fhothain an chósta
go domhain sa bhfarraige san áit
ina raibh na héisc ag ráthaíocht
is gan idir tú agus tóin poill

ach stráice canbháis agus crógacht
nach raibh insint scéil uirthi
ach amháin san Fhiannaíocht.
Ó dhubh go dubh agus ó Luan

go Satharn léirigh tú do chion dom,
d'anáil i mbarr do ghoib leat
ón ngort go dtí an cladach
ag sclábhaíocht chun slí bheatha

a bhaint amach as loime
na carriage agus féile
na farraige agus tú ag cur
tú féin sa bhearna bhaoil

ionas go mbeadh greim le n-ithe
againn is go raghainn chun
cinn sa tsaol. B'in an cion
a léirigh tú dom, a athair liom.

Sloe Motion

Well I recognise the blackthorn bush
that grows on the edge of the cliff,
sheltered behind a stone fence.
I used to pick sloes from it in my youth.

I still can taste their sourness.
Yes, I recognise the blackthorn bush
but does it recognise me anymore
I wonder? I am jolted out of my reverie

as soon as I set eyes on it on this
cold and showery evening,
still majestic, regal, proud
standing there behind the fence

completely oblivious to the wildness
of the sea rumbling inexorably down
below on the stony beach or the constant
blowing of the wind in its branches.

I no longer feel like tasting its fruit
or sitting underneath it during a shower
as I used to do as a young man,
smoking the forbidden weed,

looking out at the waves clambering
over one another as far as the eye
could see across the bay, feeling
as one with myself, part of the landscape,

a familiar inhabitant in these parts.
Look at me now all in a fluster
when I behold the dark clouds
gathering in the sky above me

Airneogach

Aithním go maith an sceach draighin
a fhásann ar bhruach na haille le hais
chlaí chloiche ar thaobh na fothana.
Phiocainn airní uaidh le linn m'óige,

blas a seirbhe fós ar mo theanga.
Sea, aithním an sceach draighin
ach an aithníonn an sceach draighin
mise a thuilleadh? Baintear stangadh

asam a luaithe agus a leagaim
súil uirthi an tráthnóna ceathach seo,
í maorga, ríoga, uaibhreach i gcónaí,
ina seasamh ansan cois claí,

beag beann ar fhiántas na farraige
ag clagarnach thíos fúithi
ar an gcladach nó síorshéideadh
na gaoithe ag clamhsán ina craobhacha.

Níl fonn ormsa a cuid torthaí a bhlaiseadh
ná suí fúithi le linn an cheatha
mar a dhéanainn agus mé fós im' ógánach
ag caitheamh tobac ná raibh ceadaithe

ag breathnú amach ar na tonnta
ag dul ar mhuin mhairc a chéile trasna
na bá fad mo radhairc uaim, mé istigh
liom féin, mé mar chuid den tírdhreach,

im' áitreabhach aitheanta ar an dtaobh seo tíre.
Seo liom anois agus fuadar fúm
nuair a chím na scamaill dhubha
ag bailiú sa spéir os mo chionn in airde

lest I won't reach the main road
before the downpour catches me
and for fear I would have to stuff my ears
with beeswax so as not to succumb

to the beautiful, sweet, death-enticing song
of the Sirens being transported towards me
in a sudden fairy gust from the rocky shore
beneath so as to entice me to my death.

le go mbainfinn an bóthar mór amach
sula mbéarfadh an tulca orm is ar eagla
go mbeadh orm céir bheach a phulcadh
isteach i mo chluasa ionas nach ngéillfinn

d'amhrán aoibhinn, binn éagmhealltach,
anaitheach na Síréana á iompar chugam
ar an séideán sí ón gcuas carraige lem' ais,
ag iarraidh mé a mhealladh chun mo bháis.

Lonesome Tonight

9.30pm 16 August 2017

I think of you tonight as I thought of you
forty years ago when we were both
at the height of our powers, apart from each
other, you off on your travels somewhere
in Europe, me stretched out on a bed, exhausted
from teaching Irish all day to a bunch
of lively teenagers in a summer college in Kerry.

The eulogies are coming thick and fast on
the transistor radio for the one who passed away
earlier in the day aged 42 in Memphis, Tennessee,
from drugs and a heart attack and God knows
what else. I'm as lonely as Mount Brandon
without you and still unaware that our own
race will be run before the month is out.

Uaigneach Anocht

9.30 i.n. 16 Lúnasa 2017

Smaoiním ort anocht mar a smaoiníos ort
dhá scór bliain ó shin nuair a bhíomar beirt
i mbarr ár maitheasa, scartha óna chéile,
tusa ar do chamchuairt áit éigin san Eoraip,
mise sínte ar mo leaba, tuirseach traochta
ó bheith ag múineadh Gaeilge do dhéagóirí
lán brí i gcoláiste samhraidh i gCiarraí.

Aithisc ómóis ag teacht go tiubh ón *transistor*
taobh liom don té a cailleadh ní ba luaithe sa ló
in aois 42 i Memphis, Tennessee, de dhrugaí
agus de thaom croí agus de n'fheadar sa diabhal
céard eile mé chomh huaigneach le Cnoc Bréanainn
id éagmais is gan aon tuairim agam fós, a chroí,
go mbeadh ár rásna rite laistigh de mhí.

VOICE

She had forgotten his face, the old woman
admitted with regard to one of her neighbours,
his traits, his personality and even his entire
bloodline had been consigned to oblivion.

She remembered his voice, however,
the crystal-clear, melodic Gaelic intonations
still ringing in her ears
after more than sixty years.

Sound images were all that remained of him,
a linguistic whip lashing the four corners
of her consciousness during her youth,
setting the dog away in the distance

up on the hillside on a spring morning;
a sudden shower of cold, heavy wordstones
falling noisily on the zinc roof
of her brain, every single sentence hewn

from a taut, tonal language quarry, every
syllable cloven like cut jewels glistening;
a sudden clap of thunder rumbling
in the western sky on a May morning.

Croí cine teanga, the idiom of his she took
as an heirloom over to America in the distant past,
kept it stored in her mind ever since
and would until she breathed her last.

Note: *croí cine teanga* – the heart of a race is its language

Guth

Bhí a aghaidh dearmadta aici, adúirt
an tseanbhean i dtaobh duine dá comharsana,
a thréithe, a phearsantacht, go fiú cér díobh é
imithe isteach in umar na díchuimhne.

Ba chuimhin léi a ghuth, áfach,
a chuid Gaelainne ghléghlan, bhinn
fós ag clingeadh ina cluasa
tar éis breis agus trí scór bliain.

Samhlacha fuaime a bhí fágtha de,
fuip teanga ag lascadh ceithre cúinní
a haigne le linn a hóige, é ag saighdeadh
an ghadhair i mbun oibre i bhfad uaithi

thuas ar thaobh an chnoic maidin earraigh;
fras d'fhocail fhuara throma sneachta
ag titim go torannach ar dhíon since
a hinchinne, gach abairt bainte

as cairéal teann teanga, gach siolla fuinte
fáiscthe amhail seoda rionnaithe ag lonradh;
bloscmhaidhm toirní ag tormáil go toll
i spéir an iarthair maidin Bhealtaine.

'Croí cine teanga' an nath dá chuid a thug sí
mar shéad fine anonn go Meiriceá léi ar dtúis,
choinnigh i dtaisce ina hintinn ó shin
agus choinneodh go huair a báis.

Bogs

When the old man returned home
from the bog for the last time
in 1969 he didn't drink or taste a bite
of food for three days and three nights.
He proclaimed that the end of the world
was nigh towards the end of this time.
Hadn't he walked and measured
the top of the bog twenty eight times?
Hadn't he seen with his own eyes
that there wouldn't be a single sod
left to cut after fourteen years had
elapsed whether he was alive or dead
as he stood at the top of the stairs
in his nightclothes like an apparition
in the eyes of his family gathered
around the oak table in the kitchen
down below completely mystified
as to what was going on in his head.

Portaigh

Nuair a d'fhill an seanduine abhaile
ón bportach don uair dheireanach
sa bhliain 1969 níor ól ná níor ith
sé greim bia ar feadh trí lá agus trí oíche.
D'fhógair go raibh deireadh an domhain
tagtha ag druidim le deireadh an ama sin.
Ná raibh barr an phortaigh siúlta
agus tomhaiste ocht n-uaire is fiche aige?
Nach bhfaca sé lena shúile cinn
ná beadh oiread agus fód amháin fágtha
le baint as i gceann ceithre bliana déag
ba chuma dá mairfeadh nó ná mairfeadh
sé féin agus é ina sheasamh ag barr
an staighre ina chuid éadaí oíche
mar thaibhse an chnádáin i súile
a chlainne a bhí bailithe timpeall
an bhoird darach sa chistin thíos faoi
agus iad dall ar fad ar a chuid rámhaillí.

The Thief of Innocence

It's always at night he comes
the thief of innocence
in the dead of night
when everybody is asleep

light footsteps are heard
out in the corridor
or the creaking of floorboards
on the landing

and you between sleeping and waking
between dreaming and drowsiness
lying all by yourself
in the middle of the night

in your cosy comfortable bed
the weight of sleep
lying heavily on your small
fragile undeveloped body

the half-open door of the room
is pushed in discreetly
calloused hands
roughly embrace you

your nightclothes are pulled up
familiar smells of whiskey
and stale tobacco
suffocate you

a hard hot rod
is forced between your thighs
a wet burrowing tongue
is pushed into your mouth

Gadaí na Geanmnaíochta

is san oíche a thagann sé i gcónaí
gadaí na geanmnaíochta
ag uair mharbh na hoích'
is an uile ní ina shuan

cloistear coiscéimeanna éadroma
amuigh sa dorchla
nó gíoscán na gclár urláir
ar an léibheann cheann staighre

agus tú idir codladh agus dúiseacht
idir taibhreamh agus aisling bhréige
i do luí i d'aonar
i gceartlár na hoích'

i do leaba the theolaí
meáchan an chodlata
mar ualach trom ar do thoirt
bhog leochaileach neamhfhorbartha

doras an tseomra leathoscailte
á shá isteach go discréideach
lámha fadharchánacha
dod gharbhfháisceadh

d'éadaí oíche á dtarraingt aníos
bolaithe aithnidiúla uisce bheatha
agus tobac stálaithe
dod phlúchadh

slat ramhar chrua ró-the
á brú idir do cheathrúna
teanga thochailteach fhliuch
á sleamhnú isteach i do bhéal

a low moaning pleading voice
quickens in your ears
a grunt of satisfaction to end
and then the darkness and silence

engulfs you once more
the heat of the bed enticing
you back to sleep again nothing
remaining except random fragments

the spilt cream
that sticks your thighs together
the strange smell left in the room
the evicted doll

thrown awkwardly
on the floor beside the bed
with its inexpressible unspeakable
secret engraved deeply

on its pure features
the next morning
when you awaken
from your nightmare

guth íseal éagnach impíoch
ag géarú i do chluasa
cnead beag sástachta an chlabhsúir
agus ansan an dorchadas agus an tost

ag athghabháil seilbhe ort
teas na leapa dod mhealladh
chun codlata athuair
gan fágtha ach blúiríní beaga fánacha

an t-uachtar doirtithe
a ghreamaíonn do cheathrúna le chéile
an boladh aisteach a fhágtar sa tseomra
an bhábóg dhíshealbhaithe

caite go hamscaí
ar an urlár le hais na leapa
lena dúrún daingean do-inste
greanta go domhain

ina ceannaithe geanmnaí
an mhaidin dár gcionn
nuair a dhúisíonn tú
as do thromluí

City Seagull

I hear the sound of the sea
in your loud squawking
outside Busaras
on this winter's morning
and when you fly I see
the deserted cliffs and strands
of An Leitriúch revealing
themselves before
my very eyes
when you land on the roof
over me up Brandon Quay
is what I see
during the herring season
one winter's morning
in the distant past
when there was an army
of fishermen down on the quay
in oilskins that shone
silver with fishscales
under the harbour light
as they freed their catches
from the nets
like a symphony orchestra
and you on your plinth
conducting them
from on high

Faoileán Cathrach

Cloisim fuaim na farraige
i do ghrágaíl ard
lasmuigh de Bhusáras
an mhaidin gheimhridh seo
is nuair a eitlíonn tú chím
aillte agus tránna tréigthe
an Leitriúigh á bhfoilsiú féin
os mo chomhair amach
nuair a thuirlingíonn tú
ar imeall an dín os mo chionn
nochtann Cé Bhréanainn
í féin i m'aigne
le linn bhiaiste na scadán
maidin gheimhridh san imigéin
nuair a bhí an ché
ag cur thar maoil le hiascairí
ina n-éadaí olna
a bhí ar dhath an airgid le gainní
faoin solas poirt
iad ag baint a ngabhálacha
éisc óna líonta
amhail ceolfhoireann shiansach
is tusa á stiúradh
ar do phlionta
os a gcionn
in airde

Epiphany

standing alone
at the boundary fence of a hop garden
down in Kent,
the Garden of England
supposedly, putting up thorny wire
with a pile of stakes
a sledgehammer and a pliers
on a glorious sunny morning
in June 1972
suddenly I hear somewhere
in the distance
music playing
on a tape recorder
Here Comes the Sun
blaring out loud and filling
the air all around me
in the hollowness
of the early morning
and a sensation of nostalgia
and joy that I cannot
comprehend at my age
takes possession of every
fibre of my being
– loneliness, delirium, alienation –
overpowering me
so that I am filled
with delight and desolation
and I take leave
of my senses
at the boundary fence of a hop garden
down in Kent
far from home
on a glorious summer morning
all alone
and there is no describing

ag seasamh i m'aonar
ag claí teorann ghairdín leannlusanna
i gceartlár Kent Shasana
in ainm is a bheith
ag cur sreangán deilgní
i bhfearas le cruach chuaillí
ceapord agus greamaire
ar mhaidin ghrianmhar, ghlórmhar
i Meitheamh na bliana 1972
gan choinne cloisim
in áit éigin i bhfad uaim
ceol á sheimint
ar théipthaifeadán
Here Comes the Sun
ag bladhradh os ard
is ag líonadh an aeir mórthimpeall
orm i mbodhránacht
na mochmhaidine
go nglacann taom chumha
agus ghliondair nach dtuigim
ag an aois ina bhfuilim
seilbh ar gach uile orlach
dem cholainn
– uaigneas, ríméad, coimhthíos –
ag fáil an ceann is fearr orm
go bhfuilim im' chorp
iomlán ríméid agus dearóile
is go gcaillim seilbh
ar mo chéadfaí is ar mo chiall
ag claí teorann ghairdín leannlusanna
i gceartlár Kent Shasana
i bhfad i bhfad ó bhaile
ar mhaidin ghrianmhar, ghlórmhar
is gan duine ná deoraí faram
is gan insint scéil ar mhéid

my delight and desolation
in the giddy brightness
of a nineteen year old
a copy of *The Outsider*
in the pocket
of my fake-leather jacket
slung over a stake nearby
and my own mother
secure and safe
at home

mo ríméid agus mo dhearóile
i ngile bhodhar mo naoi
mbliana déag
cóip de *The Outsider*
i bpóca mo sheanchasóige
bréagleathair
crochta taobh liom ar chuaille
agus mo mháthair féin
slán sábháilte
aige baile

The Kiss

out of courtesy, kindness, goodwill and all
the rest of it I planted a kiss on your cheek
but before it had the chance to land

on its feet there you had removed it
with the back of your hand and then took
a handkerchief out of your bag

and dabbed your cheek three times
but you weren't finished yet
by a long shot because off you went

into the kitchen to find a *Brillo* pad
and came back out again and began
scrubbing and scraping the infected

spot without taking your eyes off me once
during the process until you had removed
all of the skin from your wrinkled

cheek and your blood started to flow
downwards onto your unfashionable
white blouse until it became as red

as a cockscomb as I stood bolt upright in front
of you with my mouth wide open looking
like a dead ringer for an *Ebola* carrier.

An Phóg

ar son na cúirtéise, na dea-mhéine,
na dea-thola agus araile thugas
póg duit ar do leiceann ach sula

raibh deis aici a cosa a chur fúithi ann
ghlan tú díot í le cúl do láimhe
agus ansin thóg ciarsúr as do mhála

agus thriomaigh do phluc faoi thrí
ach ní raibh deireadh déanta fós
agat ná baol air mar seo leat isteach

sa chistin gur aimsigh pillín *Brillo*
agus tháinig amach arís agus thosnaigh
ag scríobadh is ag sciúradh an spota

ghalraigh gan do shúile a bhaint díom
ar feadh an ama gur bhainis an craiceann
agus a luach de chréafóg rocach

do phluice gur shnigh do chuid fola le fána
easa anuas ar do bhlús bán neamhfhaiseanta
go raibh sé chomh dearg le cuircín coiligh

is mé i mo cholgsheasamh os do chomhair
amach agus mo bhéal ar leathadh agam
amhail go mba iompróir *Ebola* a bhí ionam.

The Connor Pass

Those who travel over the Connor Pass
on their pathway through life,
I wonder have they the faintest idea
that the soul of a race is hidden there,

the sweat of a previous generation
buried beneath the road somewhere
between Pedlar's Lake and the Summit
and that on summer mornings before

daybreak when the fog is rising
gracefully over Mullach Bhéal
in honour of the new day, if you were
to listen carefully you could hear

the music of small sledgehammers
echoing in the solitude and imagine
the work gangs, both young and old,
hammering together in unison,

their stomachs rumbling from the want
of food as they wage war on bare rock
so as to forge a way through the impasse
for the generations that would follow.

An Chonair*

Iad siúd a ghabhann cosán na Conarach
ar a mbealach tríd an saol seo
n'fheadar an dtuigeann siad in aon chor
go bhfuil croí cine ceilte inti,

allas na nglún a tháinig rompu adhlachta
faoin mbóthar áit éigin idir Loch
an Pheidléara agus Mám Conarach
agus ar maidineacha sa samhradh

roimh ghiolcadh an ghealbhain agus ceo
ag éirí aníos go grástúil ó Mhullach
Bhéal in ómós don lá nua,
dá n-éistfí go géar chloisfí ceol

na gcasúr agus na gceapord ar foluain
san uaigneas séimh agus d'fhéadfaí
slua ceannródaithe, idir óg agus aosta,
a shamhlú ag casúireacht leo ar saothar,

a ngoilí gortacha ag geonaíl gan greim bídh
's iad ag fógairt catha ar an gcarraig
dhocht ag iarraidh cosán a thochailt tríthi
don nglúin a thiocfadh ina ndiaidh.

* An Chonair – *bóthar sléibhe a tógadh aimsir an Ghorta Mhóir a cheanglaíonn Clochán-Bréanainn sa Leitriúch le Daingean Uí Chúis /Iarthar Chorca Dhuibhne.*

INTROIBO AD …

It's well I remember the morning
that Latin was shown the door
out of St Brendan's Church in Cloghane
even though I was little more
than a miserable young lad at the time
and the sudden wave of sadness

that engulfed me that cold, wet morning
in the depth of winter, sitting there
at the bottom of the church on a hard,
wooden seat, cut and shaped
from an oak tree that had grown
in the heart of the forest

by the hands of a trained wood-carver;
the Latin language fleeing head first
out the door and down the steps
and into the waiting arms
of the fog on the Abha Mhór
as it made its way into the sea,

the dull-witted, dour, unenlightened
posse of jargon hot on its heels
and they not having a clue
as to the treacherous blow
being dealt to the ancient language
for the sake of progress, so to speak

with the influx of *thou, thy, thee, thine,*
thence, therein, amen, divine
or some such worthless drivel
and even though the congregation
hardly understood a word of the treasure
that had just been sent packing

Introibo ad ...

'S maith is cuimhin liom an mhaidin
a cuireadh an ruaig ar an Laidin
as Sáipéal Naomh Bréanainn
sa Chlochán 's cé nach raibh ionam
ach ainniseoir de gharsún ag an am
bhuail taom obann duaircis mé

an mhaidin fhuar fheannaideach
úd i ndúluachair na bliana 's mé suite
thíos i dtóin an tsáipéil ar shuíochán
crua adhmaid a fuineadh
is a fáisceadh as crann darach
ó cheartlár na coille móire

ag lámha oilte snoíodóra, an Laidin
ag imeacht i ndiaidh a cinn
amach an doras, anuas na céimeanna
is isteach i mbaclainn
an cheobhráin ar an Abha Mhór
agus í ar a bealach chun na farraige,

díorma dobhránta, dúr, dallintleachtach
an Bhéarlagair sa tóir uirthi
is gan tuairim dá laghad acu
faoin mbuille fill a bhí tugtha
don teanga ársa ar mhaithe le mór-is-fiú
is dul chun cinn mar dhea

le gach re *thou, thy, thee, thine,*
thence, therein, amen, divine
agus cacamas den chineál sin
is cé nár thuig formhór phobal Dé
oiread agus focal amháin den taisce
seo a seoladh chun bealaigh

at least it had been free of original
sin (it was said) and as it was being
spoken they were free to allow
their thoughts to wander every
which way during mass
to bogs, fields, barns,

hills, mountains, haggards,
meadows, glens, sea shores,
cliffs, quays, harbours,
outhouses, stables, pubs,
rambling houses and other holy
places too numerous to mention.

ar a laghad bhí sí saor ó pheaca
an tsinsir (deirtí) agus le linn di
a bheith á labhairt d'fhéadfaidís
ligint dá smaointe imeacht le haer
an tsaoil le linn an aifrinn
go portaigh, páirceanna, sciobóil,

cnoic, sléibhte, iothlanna,
móinéir, gleannta, cladaigh,
aillte, céanna, cuain,
cróite, stáblaí, tithe tábhairne,
tithe airneáin agus áiteanna
beannaithe eile nárbh iad.

Sunday Evenings

On Sunday evenings long ago
when the dinner was over, the chairs
pushed back from the table,
the washing up done and my parents
dozing by the fire, I used to slip out
discreetly and make my way down
to the top of the cliff and climb
down onto the rocks and drink
the ice cold spring water from each one
of the three holy wells that were
bubbling peacefully in that place.

I would then settle down at my leisure
listening to the waves rumbling beside
me in the Cuas Caol and Cuas Gorm
and I used to let the sound of the waves
take possession of my mind, all alone
in the place nearest to my heart, free
from the cares of the world, my thoughts
set free for the evening: a hermit
in his hermitage entranced by the magic
of the sea as it fills and ebbs,
ebbs and fills ceaselessly.

TRÁTHNÓNTAÍ DOMHNAIGH

Ar thráthnóntaí Domhnaigh san anallód,
an dinnéar ite, na cathaoireacha druidte
siar ón mbord, na gréithre nite
agus mo thuismitheoirí ag míogarnaigh
cois na tine, shleamhnaínn amach
go discréideach agus dhéanainn mo shlí
síos go barr na haille agus dhreapainn
anuas go dtí na carraigeacha agus d'ólainn
fíoruisce oighearfhuar ó gach ceann de na trí
cinn de thoibreacha beannaithe a bhí
ag scairdeadh go síochánta san áit sin.

Bhuailinn fúm ansan ar mo shuaimhneas
ag éisteacht leis na tonnta ag clagarnach
lem ais sa Chuas Caol agus sa Chuas Gorm
is liginn d'fhuaimeanna na dtonn seilbh
a ghlacadh ar m'aigne is mé i m'aonar
san áit ab ansa lem chroí, saor ó chúramaí
an tsaoil, mo smaointe imithe ar scaoll
ar feadh an tráthnóna: díseartach
ina dhíseart agus é faoi gheasa ag draíocht
na farraige agus í ag líonadh agus ag trá,
ag trá agus ag líonadh go síoraí.

BREAK ON THROUGH

I listen to the trance music
of Justine Suissa
at night
these days
to escape from the claptrap
that crowds
my mind
in this age of new neurosis
I'm taken out into the ether
a place where respite
awaits me
and imagination bombs
that explode
from time to time

Break on Through

Éistim le ceol *trance*
de chuid Justine Suissa
istoíche
ar na laethanta seo
chun éalú ón treillis-bhreillis
a phlódaíonn
m'aigne
i ré seo na nua-néaróise
tógtar amach mé
san éatar
áit a bhfuil faoiseamh
i ndán dom
agus buamaí samhlaíochta
a phléascann
ó am go ham

Snowpoem

It takes a heavy fall of snow
to thaw people out
to milk a drop of humanity
out of them
a snowfall takes the civilisation
of the world in which we live
back a hundred years at least
it plucks the self-importance
and the selfishness out of us
like plucking ragwort
out of a bare, barren field
it drives people
to devilment
and childishness
to flinging snowballs
at each other as we did
with great exuberance
in the square of UCC
in Cork City
in the spring of 1973
in an effort to bowl over
our fellow combatants
(any excuse to make
physical contact
with them)
and I will always remember
the flash of lightening
that struck me and the fire
that was lit inside of me
when a fair-haired beauty
stuck a snowball down
the collar
of my corduroy shirt

Sneachtadhán

Tógann sé titim mhór sneachta
chun daoine a leá
chun braon daonnachta
a chrú astu
tógann titim sneachta sibhialtacht
an domhain ina mairimid
siar céad bliain ar a laghad
baineann sé an mór-is-fiú
agus an leithleachas asainn
mar a stoithfí buachalán buí
as gort seasc, gortach
spreagann sé daoine
chun diabhlaíochta agus
leanbhaíochta
chun liathróidí sneachta a radadh
lena chéile mar a dheineamarna
le barr teaspaigh
i gcearnóg Choláiste na hOllscoile
i gCathair Chorcaí
in earrach na bliana 1973
ag iarraidh ár gcéilí
comhraic a leagan
(leithscéal ar bith chun
teangmháil chorpartha
a dhéanamh leo)
agus cuimhneod go deo
ar an splanc thintrí
a bhuail mé agus an teas a lasadh
i m'ionathair nuair a sháigh
spéirbhean fhionn
liathróid fhuar sneachta
laistigh de bhóna
mo léine chorda an rí

at exactly the moment
when our lips made contact
in an arc of sorcery

díreach ag an nóiméad
a theagmhaigh ár mbeola
le chéile ina stua gintlí

The Day

At the crack of dawn
in Garraí an Bhóthair
a solitary blackbird sang
his heart out on a hawthorn bush.

In the evening
in Taobh a'Chnoic
a flock of swallows landed on the backbone
of a whitewashed house preparing for departure.

At nightfall
on the rocky foreshore of Trá Bháin
the storm petrel's plaintive song was heard
echoing off the forlorn, desolate cliffs.

The day I fell in love with you.

An Lá

Ag giolcadh an ghealbhain
i nGarraí an Bhóthair
chan lon dubh aonair
a chroí amach ar sceach gheal.

Um thráthnóna,
ar Thaobh a' Chnoic
thuirling ealta fáinleog ar chnámh droma
tí aoldaite ag ullmhú le haghaidh imeachta.

Le titim na hoíche,
ar chladach na Trá Báine
chualathas an cuirliún gaoithe ag cur de go cráite
ag baint macalla as na haillte tréigthe uaigneacha.

An lá a thit mé i ngrá leat.

Early Potatoes

Today I'm a dead ringer for my father,
planting seeds in the ground in spring
in the back garden of a city suburban

dwelling, almost completely at the end
of my tether as I make my way hurridly
uphill from Gort Bharr na hAille

for the dinner that has been getting cold
for me on the table of a dark, flagstone
kitchen for nigh on sixty years.

'I had to put up a scarecrow because
the crows were devouring the seed potatoes',
I tell my wife who is a shadow

withdrawn from me at the rear of the kitchen
while my son of seven years is cooped up
in the corner on a *súgán* chair in a world

of his own, oblivious to all, with his head
stuck in a comic that would take him further
from home than a flock of crows

and a scarecrow, nailed on a cross in the middle
of a hungry stony field beside the sea, long since
become a wilderness, would ever do.

Prátaí Luatha

Inniu m'athair mé ina steillbheatha
's mé ag cur síolta faoin bhfód san earrach
sa chúlghairdín i mbruachbhaile cathrach,

m'anáil i mbarr mo ghoib agam
fuadar siúil fúm ag brostú aníos in aghaidh
an aird ó Ghort Bharr na hAille

le haghaidh an dinnéir atá ag fuarú
ar an mbord romham i gcistin leacach dhorcha
le nach mór trí scór bliain.

'Bhí orm fear bréige a chur suas mar go raibh
na préacháin ag alpadh na sciollán',
adeirim lem chéile atá ina scáth

druidte uaim thíos i dtóin na cistine faid is atá
mo mhac óg seacht mbliana cuachta istigh
sa chlúid ar chathaoir shúgáin

i ndomhan éigin dá dhéantús féinig, beag beann
ar chách, a chloigeann sáite i ngreannán a thógfadh
níos faide ó bhaile é ná mar a thógfadh

scata préachán agus fear bréige céasta ar chrois
i lár ghoirt ghortaigh chloiche cois na trá,
atá imithe chun fiántais le fada an lá.

Tonight in Glastonbury

Tonight in Glastonbury I'm as happy
as a pig in shit; some evidence exists
(if such a thing as 'evidence' ever exists)
that St Patrick and St Bridget
spent some time here (not as lovers
for a dirty weekend, of course!); both
are engraved in stone on the Tor
overlooking the town, Patrick herding
sheep and Bridget milking a cow
for well nigh on fifteen hundred years.

All around me in the Pilgrim & George Inn
tonight (a hotel that's there since the time
of Henry VIII), there are crowds of new age
travellers, witches, druids and magicians
of every kind lulling me to sleep with magic
spells and I feel like Oisín must have felt when
Niamh of the Golden Hair first laid eyes on him
on the banks of Lough Leane on that fateful
morning long ago when she cast an inviolable
spell over him that no hero could resist.

I feel like staying where I am for three
hundred years without growing old or dying
but suddenly my thoughts are transported back
to Ireland and I want to leap onto the saddle
of my white steed and fly over the waves for fear
of finding all my people dead and buried
and nothing left but nettles and weeds growing
everywhere and lest I be overcome by melancholy,
loneliness and sorrow that even the Silversmiths
of the Island of the Fianna couldn't cure.

Anocht i nGlastonbury

Anocht i nGlastonbury táim chomh sásta
le muc sa phuiteach, fianaise éigin ann
(má tá a leithéid de rud agus 'fianaise' ann)
gur chaith Naomh Pádraig agus Naomh
Bríd tréimhse anseo tráth (ní mar leannáin
don deireadh seachtaine, ar ndóigh!) agus iad
greanta ar chloch ar an Tor atá thuas ar chnocán
os cionn an bhaile mhóir, Pádraig ag aoireacht
caorach agus Bríd ag crú bó gan staonadh
ar feadh breis agus míle cúig chéad bliain.

Thart timpeall orm sa Pilgrim & George Inn
anocht (óstán atá ann ó aimsir Anraí a hOcht)
tá na sluaite de lucht taistil nua-aoise, mná sí,
draoithe agus lucht draíochta den uile
chineál dom mhealladh chun suain, lena ngeasa
droma draíochta agus mothaím mar a mhothaigh
Oisín tráth ar leag Niamh Chinn Óir súil air
don chéad uair ar bhruacha Locha Léin an mhaidin
chinniúnach úd san anallód nuair a chuir sí
geasa air nach bhfulaingeodh fíorlaoch.

Fonn orm féin fanacht mar a bhfuil agam
ar feadh trí chéad bliain gan meath ná éag
ach gan choinne smaoiním ar Éirinn
agus tagann fonn orm filleadh, dul ar mhuin
m'eich bháin agus eitilt thar toinn anonn ar eagla
go mbeadh mo mhuintir go léir faoin bhfód sínte
is nach bhfeicfinnse ach fiailí agus neantóga ag fás
i ngach aon bhall is go mbeinnse cloíte ag lionn
dubh, dobrón agus uaigneas ná leigheasfadh
gaibhne geala Oileán na bhFionn.

Trespasser

A stranger in my own locality
the hordes of the dead accompany me.
On the road to Brandon Point
there are ghosts everywhere.

I stand at a rusty iron gate
overlooking the kingdom of my childhood.
The sun makes a sudden appearance
and I'm a child once again.

Away down from me in Garraí Sheáin
a man wearing a sack apron
is furiously planting seed potatoes
and another man in the Buaile Mhór,

in the fork of a plough is spurring on
a black gelding to do better by chanting
Hup! Hup! while at the same time
berating the small boy who is trying

to guide the stubborn animal
who is chomping at the bit.
On Trá Bháin three men are conveying
a canoe from its stage right down

to the water's edge, an abominable
six-legged Devil's coach horse
trying to entice my father away from me
to his death on tumultuous nights at sea.

'Are you a local?' An unrecognisable
accent enquires of me and I am
awakened out of my enchanting daydream
at the giddy dawning of the day.

Treaspásóir

Im choimhthíoch i mo cheantar féin
tá sluaite na marbh dom thionlacan.
Ar an mbóthar go Srón Bhroin
chím taibhsí faram ag gach cearn.

Seasaim ag geata meirgeach iarainn
ag breathnú anuas ar ríocht m'óige.
Tagann an ghrian amach de thurraing
agus bím im' gharsún in athuair.

I bhfad thíos uaim i nGarraí Sheáin
tá fear le máilín crochta óna bhásta
ag sá na sciollán faoin gcré ar dalladh
agus fear eile sa Bhuaile Mhór

i ngabhal céachta, gach hup! hup!
uaidh ag gríosadh an ghearráin dhuibh
chun treafa agus ag síorsciolladh
an gharsúin bhig atá ag iarraidh

cinnireacht a dhéanamh ar an ainmhí
ceanndána atá ag creimeadh na béalbhaí.
Ar an Trá Bháin tá triúr fear ag iompar
naomhóige óna stáitse anuas go béal

toinne, deargadaol mallaithe séchosach
ag iarraidh m'athair a mhealladh uaim
chun a bháite i ndoimhneas na farraige
cáite ar oícheanta drochshíne.

'Are you a local?' fiafraítear díom
i dtuin chainte, cheisteach nach n-aithním
agus dúisítear as m'aisling aoibhinn
mé le fáinne giodamach an lae.

'Sorry, but I can't help you there', I say
as I try to pull myself together while
standing there at the rusty iron gate like
a meteor that had just fallen out of the sky.

'Sorry, but I can't help you there',
a fhreagraím is mé ag teacht chugam féin
ag an ngeata meirgeach iarainn amhail
caor thine díreach titithe anuas ón spéir.

RAIN

it has been raining
since last night
pouring
down
out of the sky
proclaiming
that the human
race should be
fleeing into
their caves
giving the rain
the freedom
to shed her tears
and get relief
from her heartbreak
and her eternal
loneliness
and allow her
give vent
to her feelings
since her lover
the sun has
forsaken her

Báisteach

tá sé ag cur báistí
ó aréir
ag stealladh
anuas ón spéir
ag fógairt go mba chóir
don chine
daonna
teitheadh isteach
ina bpluaiseanna
chun cead a cinn
a thabhairt
don mbáisteach
a deora
a shileadh
agus faoiseamh
a fháil óna
briseadh croí
agus a huaigneas
síoraí
agus ligint di
a racht a chur di
ó thréig a leannán
an ghrian í

RETURN

Like Oisín searching for the Fianna
I'm back in Thurles again
where I spent a part of my life,
after an absence of thirty-seven years
spent in a foreign country called the Pale.
I return once more to these familiar streets:
Parnell Street, Liberty Square,
Cathedral Street, Croke Street –
streets that I scarcely recognise
at this stage.

Then without any warning
here he comes again
this wild, cheerful, feckless young man
in a mad dash who passes me by
without even acknowledging my existence.
I try to accost him on his way
but to no avail
for he has disappeared into the distance
heading for some hotspot or other
as if I didn't even exist.

Filleadh

Amhail Oisín i ndiaidh na Féinne
táim thar n-ais i nDurlas Éile
inar chaitheas seal dem shaol,
tar éis seacht mbliana is tríocha
a chaitheamh i gcoigríoch na Páile.
Fillim arís ar shráideanna aithnidiúla:
Sráid Pharnell, Cearnóg na Saoirse,
Sráid na hArdeaglaise, Sráid an Chrócaigh –
sráideanna a aithním anois
ach ar éigean.

Ansan gan choinne
seo chugam arís é
an fear óg fiáin, gealgháireach, místuama
agus fuadar siúil faoi
ag gabháil tharam gan beannú dom.
Déanaim iarracht bleid a bhualadh air
ach tá sé fuar agam
é bailithe leis as mo radharc
i dtreo choire ghuairneáin éigin
'nós cuma liom.

Sounds

In the silence after the argument
between us
that night
we listened to the waves
breaking on the beach
in the distance
and we could hear a man
grunting
and a woman moaning
the bedsprings squeaking
frenetically
in some bedroom
across the corridor
from us
in the small
2 star hotel

Fuaimeanna

Sa chiúnas a lean an argóint
a bhí eadrainn
an oíche sin
d'éisteamar leis na tonnta
ag briseadh ar an trá
i bhfad uainn
agus d'fhéadfaimis fear a chloisint
ag gnúsacht
bean ag éagaoin
spriongaí leapa ag gíoscán
ar mire
i seomra codlata éigin
a bhí trasna an dorchla
uainn
san óstán beag
2 réalta

TEARING

Love will tear us apart
was the song playing
on the jukebox
that night in Cork
do you remember?

And it did.
Just as a pack of voracious
hounds would
tear a terrified hare
asunder

we were torn apart
while the two of us
were just starting
to get to know
one another.

Stracadh

Love will tear us apart
an t-amhrán a bhí á chasadh
ar an *jukebox*
an oíche úd i gCorcaigh
an cuimhin leat?

Agus dhein.
Mar a stracfadh conairt
chraosach con
giorria sceimhlithe
as a chéile

stracadh as a chéile sinn
is gan an bheirt
againn
ach ar thús cadhnaíochta
ár gcumainn.

The Trampoline

Out of the morning mist it appeared
the big pale green trampoline
halfway between Newcastle West
and Abbeyfeale
and nothing would satisfy you
except for us to pull in
and go and explore this unearthly,
undreamt of, miraculous wonder.
Off with you in a frenzy
urging me to buy a ticket
and allow you to go bouncing
and bouncing and bouncing
all by yourself as high as the heavens
while I sat on a chair drinking
coffee and pretending to read
the newspaper with my heart
in my mouth watching you discreetly
and you must have spent
a full hour bouncing up and down
before finally becoming exhausted
and on the way home you never
stopped asking me whether
we would stop again on our way
back to Dublin and I promised
that we would but on returning
the wonder had vanished and never
again in that place was such
an apparition witnessed appearing
out of the fairy mist of the morning.

An Trampailín

As ceo draíochta na maidine a nochtaíodh é
an trampailín mór liathghlas
leath bealaigh idir an Caisleán Nua Thiar
agus Mainistir na Féile
agus ní shásódh aon ní faoin spéir
tú ach go dtarraingeoimis isteach
agus aghaidh a thabhairt ar an iontas
neamhshaolta, míorúilteach, neamhghnách.
Seo leat agus fuadar fút ag tathant orm
ticéad a cheannach agus cead do chinn
a thabhairt duit dul ag preabarnaigh
is ag preabarnaigh is ag preabarnaigh
i d'aonar chomh hard leis na flaithis
agus mo chroí i mo bhéal agam
ag faire ort os íseal suite ar chathaoir
ag ól caife is nuachtán os mo chomhair
amach nach bhféadfainn m'aird a dhíriú air
is caithfidh gur chaith tú breis
agus uair a' chloig ag preabarnaigh
go dtí go raibh tú tugtha faoi dheireadh
agus ar an tslí ar fad go Ciarraí
níor stop tú ach ag fiafraí díom
an bhféadfaimis filleadh ar ár mbealach
thar n-ais go Baile Átha Cliath
is gheall mé duit go bhféadfaimis
ach ar uair ár bhfillte bhí an t-iontas imithe
agus ní fhacthas riamh ó shin san áit sin
a mhacasamhail de thaise á nochtadh féin
as ceo na maidine sícheobhránaí.

THE JAM BUN

You were taken with it
the jam bun
that you got to eat
on the day of your Confirmation,
your best friend and yourself
so happy together
in the horse cart
on your way home
from Castlegregory
in the sunshine.

The sweetness was oozing
out of it that fine May day
and you tasted the sweetness,
your mouth overflowing
with it but there was a honey bee
hidden in it who stung you
putting an end
to whatever hope
you had in the empty
dream of childhood.

An Bhonnóg Suibhe

Tú meallta aici
mar bhonnóg suibhe
a tugadh duit le n-ithe
ar lá do chóineartaithe,
tú féin is do pháirtí dílis
sona sásta le chéile
sa chairt chapaill
ar bhur mbealach abhaile
ó Chaisleán Ghriaire
faoi sholas na gréine.

An mhilseacht ag úscadh
aisti an lá breá Bealtaine
úd agus bhlais tú
an mhilseacht, do bhéal
ag cur thar maoil léi
ach bhí beach meala ceilte
inti a chuir cealg ionat
agus a chuir deireadh
le do dhóchas in aisling
bhréige na hóige.

Et Tu, Brute?

That frosty spring morning
in the classroom
on the clifftop
studying the play
Julius Caesar
the Latin phrase
et tu, Brute?
took the wind
out of my sails
left me speechless.

Oh, it was the act of treason
that cut the heart
out of me
on the Ides of March
in the Senate House
when your bosom friend,
Marcus Junius Brutus,
plunged his dagger
to the hilt
into you.

There was no describing
my sorrow as I tried
to hide my feelings
from everybody
that morning
in the classroom
on the clifftop
as the bitingly
cold wind rattled
the window pane.

Et Tu, Brute?

An mhaidin sheaca
earraigh úd sa seomra ranga
ar bharr na haille
ag gabháil don dráma
Julius Caesar
an frása Laidine
et tu, Brute?
dom threascairt
dom mhilleadh
dom bhascadh.

Ó, ba é an gníomh fill
sin a ghoin go dtí
an croí mé
ar íodh Mhárta
i dTeach an tSeanaid
nuair a sháigh
do dhlúthchara
Marcus Junius Brutus
a mhiodóg
go feirc ionat.

Ní raibh insint scéil
ar mhéid mo bhróin
'na mé ag iarraidh
mo mhothúcháin a cheilt
ar chách an mhaidin sin
sa seomra ranga
ar bharr na haille
is an feannadh gaoithe
ag croitheadh gloine
na fuinneoige.

The Second Death

I awake petrified in the middle
of the pitch-black night.

Who will remember them,
those local men and women
who have gone
to their eternal reward,
in the years to come?
Who will shed a tear for them,
those people who created this area
out of bare rock with their strong hands,
with the sweat of their brows?
Who will bear witness
to their great deeds?
Who will tell the story of their exploits
so that they will not be allowed
to be forgotten about?
Who are the witnesses
who will come before the court
to ensure that they are defended
against the ravages of time?

I awake petrified in the middle
of the pitch-black night …

An Dara Bás

Dúisím i lár na hoíche picdhorcha
agus sceimhlím.

Cé a chuimhneoidh orthu,
na fir agus na mná áitiúla
amach anseo,
iad siúd go léir atá bailithe leo
ar Shlí na Fírinne?
Cé a shilfidh deoir ar a son,
na daoine go léir a chruthaigh
an ceantar seo as loime na carraige
lena lámha crua, as allas a gcorp?
Cé a thabharfaidh fianaise
as a mórghníomhartha?
Cé a ríomhfaidh a scéal agus a ndán
ionas nach ligfear isteach
in umar na díchuimhne iad?
Cé hiad na finnéithe
a thiocfaidh os comhair na cúirte
chun a chinntiú go gcosnófar iad
in aghaidh slad an ama?

Dúisím i lár na hoíche picdhorcha
agus sceimhlím …

The Prayer of the Seven Kings

O, King of Monday, calm the drivers
and allow the traffic to pass by those of us
who have been left here all alone
on the narrow pathway of life.

O, King of Tuesday, grant us peace
and allow us to play our part
in the pursuit of the objective
of fulfilling people's purpose on earth.

O, King of Wednesday, pay careful attention
to the sacred flame of youth
and do not allow the fragile spark
to burn to a smouldering cinder.

O, King of Thursday, strengthen our resolve
and make it known to us
that good will overcome evil
when all is said and done.

O, King of Friday, keep everybody safe
over the course of the weekend
and swear by the sun and the moon that you
will guide us and save us from harm.

O, King of Saturday, keep a sharp eye
on the seven wonders of the world
and protect everything under heaven,
both wildlife and humankind.

O, King of Sunday, our future is in your hands,
our commemorative monuments, our bogs,
our holy wells, our culture,
our ancient, noble, beautiful language.

Paidir na Seacht Ríthe

A Rí an Luain, suaimhnigh na tiománaithe
agus lig don trácht dul tharainn
agus sinne fágtha anseo inár n-aonar
ar chosán caol na beatha.

A Rí na Máirt, tabhair dúinn síocháin
agus lig dúinn ár bpáirt
a ghlacadh i gcur chun cinn
cuspóir an chine dhaonna.

A Rí na Céadaoine, déan friotháil chúramach
ar bhladhm gan smál na hóige
agus ná lig don splanc leochaileach
loscadh ina haibhleog dhóite.

A Rí an Déardaoin, múscail ár misneach
agus tabhair le tuiscint dúinn
go mbuafaidh an mhaith ar an olc
tar éis gach uile bhirt.

A Rí na hAoine, slánaigh gach éinne
le linn na deireadh seachtaine
is tabhair grian agus éasca i gcoimirce
ort féin go dtiocfaimid slán.

A Rí an tSathairn, coinnigh súil ghéar
ar sheacht n-iontas an domhain
agus caomhnaigh gach ní faoin spéir
idir dhúile fiáine agus daoine.

A Rí an Domhnaigh, is fútsa atá ár dtodhchaí,
ár séadchomharthaí, ár bportaigh,
ár dtoibreacha beannaithe, ár gcultúr,
ár dteanga ársa, uasal, álainn.

Beacon

I swear by Christ and by God on high
that you can write poetry here
sitting at a window on the third floor
of The Windsor House Hotel
on Mac Curtain Street
that is no longer a hotel
but a dilapidated
rundown inn,
even though the memory
of the hotel still lives on
as the shape of the girl
in an old woman
with its eternal traffic jams,
the busiest traffic hub
in all of Cork City
without a doubt.
I look down
upon a laundry,
a restaurant, a cinema
that are no longer
there except
in the memory of this poet
drunk as a skunk
trying to get the poetry
to come as naturally
as the leaves
to a tree
hoping for a resurrection
of the imagination
sitting at a window
over a street
on a cool summer's evening
like a king

Lóchrann

Íosa Críost na bhFlaitheas Dé na Glóire
ach is féidir filíocht a scríobh anseo
suite ag fuinneog ar an tríú hurlár
den *Windsor House Hotel*
ar Shráid Mhic Curtáin
nach óstán a thuilleadh é
ach tigh aíochta ainriochtach
smeartha cé go maireann
cuimhne an óstáin
i gcónaí mar a mhairfeadh
cló an ghearrchaile
i gcruth na seanmhná
gona tranglam tráchta síoraí
an chomhla tráchta is gnóthaí
i gCathair Chorcaí
siúráilte
breathnaím anuas ar neachtlann,
ar bhialann, ar phictiúrlann
nach ann dóibh a thuilleadh
ach amháin
i gcuimhne an fhile seo
agus an inchinn
sa leathcheann aige
ag iarraidh ligint
don bhfilíocht teacht chuige
chomh nádúrtha
is a thagann na duilleoga
ar an gcrann
is ag súil le haiséirí
a shamhlaíochta
suite ag fuinneog
os cionn na sráide
tráthnóna fionnuar
samhraidh mar rí

presiding over the chaos
of a kingdom
of memories.

i gceannas
ar chíor thuathail
ríocht na gcuimhní.

my lovely girl in the green uniform
you nearly drove me mad
in the early seventies
when I was a part-time
university student
and a full-time
builder's labourer
building a housing estate
at the top of Patrick's Hill
in Cork City
as you were coming down
your long fair hair
cascading to your waist
the bashful glance
the little smile
as you danced past me
on the high steps
nearly drove me demented
I was so smitten with you
but that was then and this
is now almost fifty
years later
that housing estate
is as old as the Shandon Bells
and as for ourselves, my lovely
girl in the green uniform,
if we were to meet again
one of these days wouldn't we
be the bashful pair
afraid to lift our heads
as we hobbled
past each other going
in the opposite
direction

a chailín álainn na héide scoile uaithne,
ba bheag nár chuaigh mé le báiní
sna luathseachtóidí
tráth go rabhas im' mhac léinn ollscoile
páirtaimseartha
is im' sclábhaí buildeála
lánaimseartha
ag tógáint eastáit tithíochta
thuas ar bharr Chnoc Phádraig
i gcathair Chorcaí
is tú ar do bhealach le fána
do chuid gruaige fada finne
síos chomh fada le do bhásta
an tsracfhéachaint chúthaileach
an meangadh beag gáire
is tú ag princeam tharam anuas
ar na céimeanna arda
ba bheag nach dtitinn
i bhfanntais bhíos chomh dúnta
san i ngrá leat
ach d'imigh san agus tháinig seo
ag tarraingt ar leathchéad bliain
níos faide anonn
tá an t-eastát tithíochta céanna
chomh sean le Cloig Sheandúin
agus maidir linne, a chailín
na héide scoile uaithne,
dá gcasfaimís ar a chéile
arís ar na céimeanna
ceann de na laethanta
nach orainn
a bheadh an ceann faoi
ag bacadaíl thar a chéile
ar mhalairt slí

Weaned

The white-backed loyal cow spent the night
bellowing at the top of her voice so that
I couldn't sleep a wink listening to her
lowing plaintively at the iron gate.

For three nights and three days she persisted,
her mournful voice getting fainter and fainter
until there was nothing left but a hoarse
croaking for her beloved lost calf.

Scoite

Chaith an droimeann dílis an oíche ag búirigh
in ard a cinn is a gutha ionas nach bhféadfainn
néal codlata a fháil is mé ag éisteacht léi
ag géimneach go cráite ag an ngeata iarainn.

Trí lá agus trí oíche a chaith sí ar an gcuma sin
a guth éagaoineach ag dul in éag de réir a chéile
go dtí nach raibh ar a cumas ach grág bhalbh
a chur aisti i ndiaidh a gamhna áille ionúine.

to stand like a spectre forever
under a eucalyptus tree
in a country where nobody dies
and where it's summer
the whole time
and there is not a feather
out of place
and her two loyal sons
Fionn and Oscar
and her adored daughter
Plúr na mBan
are nearby
like shadows
in the background
because it's written
in the prophecy
that a rider-less
white horse will appear
out of the mouth
of the early morning
from over the sea
with the reins trailing behind
and no trace to be seen
of her beloved
except for the shape
of his body
on the saddle's pommel
and pools of sorrow
as deep as an ocean
in the sunken eyes
of the dumb
animal

seasamh mar thaise go síoraí
faoi chrann eocalaipe
i dtír nach n-éagann éinne
is go mbíonn sé ina shamhradh
inti i gcónaí
gan bunchleite isteach
ná barrchleite amach
is a dís mhac dílis
Fionn agus Oscar
agus a hiníon ionúin
Plúr na mBan
fairsti
ina scáthanna áit éigin
sa chúlra
mar go bhfuil sé scríofa
sa tairngreacht
go dtiocfaidh each bán
gan mharcach
as béal na mochmhaidine
thar farraige anonn
is a shrianta leis go talamh
is gan tásc ná tuairisc
ar a grá geal
cé is móite de
rian a cholainne
ar chorr na diallaite
agus linnte dobhróin
chomh domhain
le haigéan
i súile báite
an ainmhí
aingiallta

Our Love

… and do you believe in me
and will you stay with me
until the earth stops
turning on its axis
and will we go down
the road together
and will we stop
at the bridge
and look into the water
to see
our reflections there
and will you kiss me
between two May fires
and will I tell you
that I am madly
in love with you
and that I'd be lost
without you
and that you are
my guiding star
coming before
and after me
and will we continue
on down the long road
that has no turning
until we reach
our journey's end …

Ár gCumann

… agus an gcreideann tú ionam
agus an bhfanfaidh tú liom
go stopfaidh an domhan
ag casadh ar a ais
agus an raghaimid
síos an bóthar le chéile
agus an stopfaimid
ag an droichead
go bhféachfaimid
isteach in uisce na habhann
go bhfeicfimid
ár scáileanna ann
agus an bpógfaidh tú mé
idir dhá thine Bhealtaine
agus an luafaidh mé leat
go bhfuilim dúnta
i ngrá leat
is go mbeinn caillte gan tú
agus go mba thusa
mo réalt eolais
ag teacht romham
is i mo dhiaidh
agus an leanfaimid orainn
ar an mbóthar fada
gan casadh
go sroisfimíd
ár gceann scríbe …

STRANDED

... and before you know it
the tide has turned
and you are left stranded
on the lonely beach
without a living
soul to count on
unable to come or go,
forsaken, shipwrecked,
hearing nothing
except for the hollow echo
of the waves
abandoning you
and your empty dreams
disappearing
on the ebb tide ...

Ar an Trá Fholamh

… agus i bprapadh na súl
bíonn an taoide casta
is tú fágtha i d'aonar
ar thrá fholamh
do bheatha
gan duine ná deoraí farat
is gan ar do chumas
teacht nó imeacht,
tréigthe, longbhriste,
gan le clos agat
ach macalla toll
na dtonn ag druidim uait
agus do chuid aislingí bréige
ag imeacht le sruth
ar an taoide thrá …

LIGHTS OF THE IMAGINATION

Every year approaching the end of summer
I used to wait for the lights from across
Brandon Bay, the fireworks being set off
into the night sky during the Rose Festival

in Tralee. I longed in my heart to be there,
to be able to witness with my own eyes
the wonders first hand, to be a participant
instead of a teenager standing in the doorway

at home in Taobh a' Chnoic in the company
of my parents, far, far removed from
the magic kingdom, the fireworks exploding
and glittering, the streets jam-packed

with stalls, street performers, gadgetry
of every kind and beautiful enticing
gypsy girls, dressed in multi-coloured
outfits and enormous earrings, star-struck

by the lights of the imagination, faraway
from the location of the entertainment,
together with my parents in the doorway,
standing there spellbound in the moonlight.

SOILSE NA SAMHLAÍOCHTA

Gach bliain ag druidim le deireadh an tsamhraidh
d'fhanainn leis na soilse istoíche trasna
Bá Bhréanainn uaim, na tinte ealaíne á scaoileadh
isteach i spéir na hoíche le linn Féile na Rós

i dTrá Lí. Shantaínn i mo chroí a bheith ann,
a bheith in ann na hiontaisí go léir a fheiscint
le mo shúile cinn, a bheith mar rannpháirtí
seachas mar dhéagóir i mo sheasamh i ndoras

tí aoldaite ar Thaobh a' Chnoic i gcomhluadar
mo thuismitheoirí, i bhfad i bhfad ó ríocht
an iontais, na tinte ealaíne ag spréacharnaigh
agus ag pléascadh, na sráideanna plódaithe

le stainníní margaidh, le taibheoirí sráide,
le hairnéisí den uile chineál agus le cailíní
dathúla, mealltacha, giofógacha, gléasta
i gcultacha ildaite agus fáinní móra cluaise,

mé faoi dhraíocht ag soilse na samhlaíochta,
i bhfad i bhfad ó láthair na siamsaíochta
i ndoras tí aoldaite le mo thuismitheoirí,
inár seasamh le chéile faoi sholas na gealaí.

Shortcut

Coming home from school of an evening,
leaving the straight and narrow road
behind, I shortcut it down a lane
that runs along the edge of the cliff.
Fishermen's cottages crowd the lane
and the air is rich with the whiff
of crabs being roasted over an open fire.
I linger in a doorway and a fisherman
gives me mackerel on a string
for my mother and a shell,
which when placed against my ear,
means I can bring the sea
like a captive bird home with me.

Aicearra

Ag teacht abhaile ón scoil tráthnóna
fágaim an príomhbhóthar agus seo liom
ar an mbealach aicearrach a ritheann
comhthreomhar le taobh na haille.
Tá an lána lomlán le tithe iascairí
agus bíonn boladh phortán á róstadh
os cionn na tine san aer mórthimpeall.
Seasaim ag leathdhoras agus tugann
sean-iascaire maicréil ar téad
dom do mo mháthair agus sliogán
dá gcuirfinn suas go dtí mo chluas é,
d'fhéadfainn an fharraige a bhreith
abhaile liom amhail éan i gcliabhán.

BEACHCOMBERS

'The beating down of the wise
And great Art beaten down.'
– W.B. Yeats, 'The Fisherman'

our great poets are still composing poems –
music melody rhythms heartfelt prayers
coming in on the flood tide –
a posse of poets waiting patiently
on the deserted beach to take
possession of the wonders
washed up in lines of wreckage left
on the edge of high water for a brief
moment before the vast majority
are dragged out again unless they are caught
in the twinkling of the imagination
going further and further out like eternal
hollow lonely echoes on the ebbing
tide returning unimpregnated
to the underwater womb from which
they sprung a womb in which millions
and millions of unwritten spermlines
of poetry are ovulating

Lucht Raice

'The beating down of the wise
And great Art beaten down.'
– W.B. Yeats, 'The Fisherman'

filíocht fós á cumadh ag ár rí-éigse –
ceol binneas rithimí urnaí croí
ag teacht isteach ar an taoide tuile –
líon mór filí ag fanacht go foighneach
ar an trá fholamh chun seilbh
a ghlacadh ar na hiontaisí
a fhágtar ina línte raice ar imeall
an bharra taoide ar feadh meandair
sula gcastar chun siúil arís
a bhformhór mór muna mbeirtear
orthu i bprapadh na samhlaíochta
ag cúlú is ag cúlú ina dtollmhacallaí
uaigneacha síoraí ar an taoide aife
ag filleadh gan toirchiú ar an mbroinn
faoi thoinn as ar shíolraigh siad
broinn ina bhfuil na milliúin
is na milliúin speirmlínte filíochta
neamhscríofa ag ubhsceitheadh inti

Future?

I write in this language
with my heart
in my mouth

never mind the 'half-mine'
and some such
bullshit

it goes back
a long way
this decision

a senseless decision
many would say
an idiotic decision

BreacGhaeltacht background
the windswept region
of self-loathing

a millstone around
my neck
in the daytime

a star of knowledge
my guiding light
in the night

that is the trough
in which
I'm existing

for the last
forty years
or more

TODHCHAÍ?

scrím sa teanga seo
is mo chroí
i mo bhéal agam

ná bac an 'leathliom'
ná cacamas
den chineál san

rud a théann siar
i bhfad
an cinneadh seo

cinneadh gan dealramh
déarfadh mórán
cinneadh an amadáin

cúlra BhreacGhaeltachta
réigiún sceirdiúil
an fhéinfhuatha

cloch bhró
faoi mo mhuinchille
de ló

réalt eolais
dom threorú
istoích'

sin an t-umar
ina bhfuilim
ag cur fúm

le dhá scór
bliain nó
níos mó

AORTHA : SATIRES

Death Journey

She knew what lay in store for her.
She had seen it often before
with her own eyes, heard
it with her sheep's ears, felt
it with all her senses.

Lying down beside the fence
in the place where she was born.
In the corner of Garraí Sheáin
down at the Clifftop in a place
where there was shelter

from the northerly wind.
Her death journey had taken
her from Cnoc Dhuibhshléibhe
down under cover of darkness.
Nobody on earth could figure

out how she managed to make
her way unscathed over fences,
gates and walls that were
as high as the sky.
Nothing less than a miracle

many said. She had returned
to where she had been born
and she was on her last legs
in the corner of a stony field
before daybreak,

the sound of the waves in her ears,
the smell of the sea in her nostrils.
She was lame, exhausted with only
one horn, her race run
and at death's door.

Turas an Bháis

Thuig sí a raibh i ndán di.
É feicthe go minic cheana aici
lena súile cinn, cloiste
lena cluasa caorach, mothaithe
lena céadfaí uile.

Í caite cois claí
san áit ar saolaíodh í.
I gcúinne Gharraí Sheáin
thíos ag Barr na hAille
san áit a raibh fothain

le fáil ón ngaoth aduaidh.
Turas a báis déanta
ó Chnoc Duibhshléibhe
anuas faoi choim na hoíche.
N'fheadair éinne beo

conas a d'éirigh léi í féin
a thabhairt slán thar chlaíocha,
thar gheataí agus thar fallaí
a bhí chomh hard leis an spéir.
Míorúilt a bhí ann

déarfadh mórán. Í fillte
ar sheanfhód a breithe
is gan fágtha inti ach an dé
i gcúinne páirce clochaí
roimh bhreacadh an lae,

glór na dtonn ina cluasa,
boladh na farraige ina polláirí.
Í bacach, leathadharcach, ainnis,
spíonta amach, a rás rite
is í ag foghlaim an bháis.

Well she understood that the birds
of prey would soon be gathering,
watching her every move, the foxes
and the dogs waiting for her to die,
watering at the mouth

to sink their teeth into her
and tear her tormented
body asunder. More
than anything else
she didn't want the eyes

picked out of her head
while she was still alive
and that is why she curled
herself up in a a ball
in the corner for the night.

They found her in a day or two
and the eyes picked clean out
of her head by the birds,
her old carcass torn
asunder, her fleece

scattered all over the field, skeins
of it tangled on the thorny wire
of the fence on the cliff edge
like white flags of surrender
fluttering in the sea breeze.

Ba mhaith a thuig sí
go mbeadh na héin chreiche
go léir sa tóir uirthi, na sionnaigh
agus na gadhair á faire,
uisce lena ndradanna

chun a gcuid fiacla a shá inti
agus a cabhail chéasta
a stróiceadh go craosach. Thar ní
ar bith eile níor theastaigh
uaithi go bpriocfaí

na súile as a cloigeann
agus í fós ina beatha agus b'in
an fáth gur chuach sí í féin
gur deineadh ceirtlín
di sa chúinne istoíche.

Thángthas uirthi i gceann lae
nó dhó agus na súile pioctha
glan as a ceann ag na héin,
a seanchonablach stractha
as a chéile, a lomra

scaipthe ar fud an gharraí,
scáinní de i bhfostú sa sreang
dheilgní ar chlaí na haille
mar bhrait bhána an ghéillte
ar foluain sa ghaoth farraige.

Greenhouse Language Effect

the language is moving
towards *belles-lettres*
of its own volition

processed
posturing
not free range

it is the same
as a vegetable
that grows in a greenhouse

it is still a language
but its real identity
is missing

tasteless
insipid
mediocre

those who use it
are proficient
in every way

except in the most
important way
of all

greenhouse vegetables
are different
from those that grow

in the fertile soil
of the vegetable
garden

Iarmhairt Cheaptha Teanga

tá an teanga ag druidim
i dtreo an léinn
as a stuaim féin

próiseáilte
pramsálach
gan a bheith saor raoin

is ionann í agus glasra
a fhásann
i dteach gloine

teanga i gcónaí í
ach tá a cló ceart
ar iarraidh

í gan bhlas
leamh
lagmheasartha

lucht a húsáide
oilte ar gach uile
shlí

cé is móite
den tslí
is tábhachtaí

ní hionann glasraí
an tí ghloine
agus iad siúd a fhásann

in ithir thorthúil
garraí
na nglasraí

FRIEND

like a snake
you operate, my friend,
sleek, slippery, cunning,
hidden from sight
amongst the apple trees
slithering ingratiatingly
at the edge of the gathering
watching enviously,
begrudgingly, greedily
at every move that every
living creature makes,
casting covetous eyes
on anybody who seems
better off than yourself
in the Garden of Eden.

Cara

mar nathair nimhe
a fheidhmíonn tú, a chara,
slim, sleamhain, slíocánta
ceilte as radharc
i measc na gcrann úll
ag sliodarnach go slítheánta
ag imeall an chomhluadair
ag faire go héadmhar,
formadach, santach
ar gach cor a chuireann
gach neach beo as atá farat,
an nimh san fheoil agat
d'éinne a fheictear duit
atá níos fearr as ná tú féin
i nGairdín Éidin.

The Yellow Line

O, do not stay behind the yellow line, girls,
do not stay behind the yellow line
that is not a yellow line at all,
but a line, girls, that is not accurate
or safe from the point of view
of grammar, meaning or the law.

I hope you understand, girls,
that if you fall under the train,
that you will not have a leg to stand on legally
nor will CIÉ fare much better as far as
meaning is concerned and you will both be
hung out to dry grammatically.

Here's a little grammar lesson, girls:
'líne' is a feminine noun in Irish and hence
it lenites the adjective that comes directly
after and the significance of this is
that you are not standing behind a yellow
line but behind a line that is not a yellow line.

If it transpired, girls, that you were living
in England and you were requested
to 'Stay behind the *m*ellow line'
you would have grins as wide
as the Grand Canyon and as for British Rail
it would never be heard of again.

But here in dear Old Ireland, girls,
instead of sacking the idiots who made
the grammatical mistake and deporting them
to the Gobi Desert, they are given a raise
as well as a promotion
and free travel for life on CIÉ.

An Líne Buí

Ó, ná fanaigí taobh thiar den líne buí, a chailíní,
ná fanaigí taobh thiar den líne buí
nach líne bhuí in aon chor í
ach líne, a chailíní, nach bhfuil cruinn
ná sábháilte ó thaobh na gramadaí,
na brí ná an dlí.

Tá súil agam go dtuigeann sibh, a chailíní,
má thiteann sibh faoin traein,
nach mbeidh cos fágtha fúibh ó thaobh na brí
ná faoi CIÉ ó thaobh an dlí
ná faoi dhuine ar bith agaibh ó thaobh
na gramadaí.

Seo ceacht beag gramadaí daoibh, a chailíní:
tá 'líne' baininscneach agus ar an ábhar sin
cuireann sí séimhiú ar an aidiacht a leanann í,
rud a chiallaíonn nach bhfuil sibh
in bhur seasamh taobh thiar de líne bhuí
ach taobh thiar de líne nach líne bhuí í.

Dá mba rud é gur i Sasana, a chailíní,
a bheadh sibh in bhúr gcónaí is dá n-iarrfaí
oraibh '*Stay behind the* mellow *line*'
bheadh straois gáire oraibh chomh leathan
leis an *Grand Canyon* agus maidir le *British Rail,*
ní chloisfí riamh arís faoi.

Ach anseo in Éirinn Chuinn, a chailíní,
in ionad na stumpaí amadáin a dhein an botún gramadaí
a bhriseadh as a bpoist agus a sheoladh go fásach an *Gobi*
is amhlaidh go dtugtar slám mór airgid dóibh,
mar aon le hardú céime
agus saorthaisteal go lá a mbáis ar CIÉ.

O, do not stay behind the yellow line, girls,
do not stay behind the yellow line
that is not a yellow line at all,
but a line, girls, that is not accurate
or safe from the point of view
of grammar, meaning or the law.

O, come all ye young maidens fair and free,
when at the train station full of glee
standing behind the yellow line
that is not a yellow line at all grammatically
(or legally) may not be the safest place to be,
if you intend travelling with CIÉ.

Ó, ná fanaigí taobh thiar den líne buí, a chailíní,
ná fanaigí taobh thiar den líne buí
nach líne bhuí in aon chor í
ach líne, a chailíní, nach bhfuil cruinn
ná sábháilte ó thaobh na gramadaí,
na brí ná an dlí.

O, come all ye young maidens fair and free,
when at the train station full of glee
standing behind the yellow line
that is not a yellow line at all grammatically
(or legally) may not be the safest place to be,
if you intend travelling with CIÉ.

The Monster

A blonde woman sits in a jet-black hybrid SUV
with blacked-out windows
parked on the double yellow line

outside the posh primary school
in a leafy suburban area. There is a ferocity
in her big mascara-shadowed eyes, hidden

from the view of the plebs by a pair
of Dior Stellaire sunglasses. She is dressed
from the top of her blonde head to the sole

of her fake-tanned feet in the most expensive
designer labels. An Apple iPhone 13 is glued
to her left ear from which a diamond earring

as big as a golf ball is hanging. 'Stay away
from me or you'll be sorry'
is what would come out of her lipsticked

mouth if you tried to accost her, sitting at
the window of her ivory tower like a queen
presiding over her kingdom, totally oblivious

of the helpers and the childminders rushing
hither and thither beneath her trying to protect
the children from the torrential rain

and the big, black, monstrosity parked
illegally on the double yellow line
and coming in the way of everybody.

An Ollpheist

Suíonn bean fhionn i SUV ciórdhubh hibrideach
lena fuinneoga lándorchaithe
páirceáilte ar an líne bhuí dhúbailte

lasmuigh den mbunscoil bhaothghalánta
i gceantar uirbigh dhuilleoigigh. Tá
faghairt ina súile móra mascáraithe atá ceilte

ó chách ag péire spéaclaí gréine *Dior Stellaire*.
Í gléasta ó bhaithis a cinn fhinn go bonn
a coise griandaite bréige sna brandaí is costaisí

d'éadaí dearthóra. Tá *Apple iPhone 13* gliúáilte
dá cluas chlé óna bhfuil fáinne diamaint
chomh mór le liathróid ghailf ar crochadh

'fan amach uaimse nó is duit is measa!'
na focail a thiocfadh as a béal
béaldaite dá ndéanfaí iarracht bleid a bhualadh

uirthi suite ag fuinneog a túir eabhair mar bhanríon
i gceannas ar a ríocht, beag beann
ar na giollaí agus na feighlithe páistí ag deifriú

sall is anall sa stoirm gaoithe agus báistí ag iarraidh
a gcuid páistí a chosaint ón díle
agus ón ollphéist mhór dhubh ghránna lena

fuinneoga lándorchaithe páirceáilte
go mídhleathach ar an líne bhuí dhúbailte
agus í sa bhealach ar gach éinne.

Is as Bréanainn i gContae Chiarraí do Mhícheál ó dhúchas ach tá cónaí air i mBaile Átha Cliath ó 1980. Tá cúig chnuasach filíochta Gaeilge foilsithe agus ceann amháin as Béarla. Tá roinnt mhaith duaiseanna buaite aige as a chuid filíochta agus foilsíodh dánta dá chuid i ndíolamaí éagsúla. Bhuaigh an bailiúchán dátheangach, *Dambatheanga : Damlanguage* (Arlen House, 2014) an chéad duais i gComórtais Liteartha an Oireachtais 2014. Bhuaigh sé Duais de hÍde ag Féile Filíochta Bhéal na mBuillí in 2018 lena dhán 'Airneogach : *Sloe Motion*'. Bhí cuid mhaith dánta eile atá sa chnuasach seo ar ghearrliostaí chomórtas filíochta éagsúla le blianta beaga anuas.

Originally from Brandon in County Kerry, Mícheál has been living in Dublin City since 1980. He has published five collections of poetry in Irish and one collection in English. His poetry has won numerous awards and has been included in a number of poetry anthologies. His bilingual poetry collection, *Dambatheanga : Damlanguage* (Arlen House, 2014) won first prize in the Oireachtas Literary Competitions 2014. He was the winner of Duais de hÍde at Strokestown Poetry Festival in 2018 with his poem 'Airneogach : *Sloe Motion*'. Many of the poems in this collection have been shortlisted for various poetry competitions in recent years.